BEI GRIN MACHT SICH IHR WISSEN BEZAHLT

- Wir veröffentlichen Ihre Hausarbeit,
  Bachelor- und Masterarbeit

- Ihr eigenes eBook und Buch -
  weltweit in allen wichtigen Shops

- Verdienen Sie an jedem Verkauf

Jetzt bei www.GRIN.com hochladen
und kostenlos publizieren

Was erklärt Spaniens Beteiligung am Irak-Krieg 2003?

Ignacio Carnicero

Bibliografische Information der Deutschen Nationalbibliothek:

Die Deutsche Nationalbibliothek verzeichnet diese Publikation in der Deutschen Nationalbibliografie; detaillierte bibliografische Daten sind im Internet über http://dnb.d-nb.de abrufbar.

ISBN: 9783346752260
Dieses Buch ist auch als E-Book erhältlich.

© GRIN Publishing GmbH
Nymphenburger Straße 86
80636 München

Druck und Bindung: Books on Demand GmbH, Norderstedt Germany
Gedruckt auf säurefreiem Papier aus verantwortungsvollen Quellen

Das vorliegende Werk wurde sorgfältig erarbeitet. Dennoch übernehmen Autoren und Verlag für die Richtigkeit von Angaben, Hinweisen, Links und Ratschlägen sowie eventuelle Druckfehler keine Haftung.

Das Buch bei GRIN: https://www.grin.com/document/1289483

FernUniversität in Hagen
Fakultät für Kultur- und Sozialwissenschaften

Hausarbeit zum Modul 25506 / P3:

Konflikt und Kooperation in den internationalen Beziehungen

B.A. – Studiengang:
Politikwissenschaft, Verwaltungswissenschaft, Soziologie
Sommersemester 2021

Titel der Arbeit:

"Was erklärt 2003 Spaniens Beteiligung am Irak-Krieg?"

Abgabedatum: 18.10.2021

Autor: Ignacio Carnicero

Inhaltsverzeichnis

1   Einleitung und Entwicklung der Fragestellung

Obwohl die Beteiligung am Irak-Krieg, zu dem übrigens keine Soldaten entsendet werden und die Beteiligung lediglich logistischer Natur war, im Endeffekt anhand der involvierten Kräfte von 900 Mann/Frau auch als „nur" symbolisch bezeichnet werden kann (im Gegensatz dazu bewegen die USA über 300.000 und Großbritannien 45.000 Soldaten (Ortega, 2003)), beteiligt sich Spanien 2003 am Irak-Krieg. Die vorliegende Hausarbeit soll die bisherige Außenpolitik Spaniens analysieren und erläutern und unter Bezugnahme auf wichtige Theorien der IB (Internationalen Beziehungen) Motive und Begründungen herleiten, die Spaniens Beteiligung 2003 am Irak-Krieg erklären.

Die Fragestellung ist politisch und wissenschaftlich relevant, weil es eine völlige Umkehr in der bisherigen Außenpolitik Spaniens darstellt, die seit Franco-Zeiten darum bemüht war, die internationale Isolation des Diktators zu überwinden und die Anerkennung und Inklusion in die westliche Welt- und Wertegemeinschaft zu erreichen und später, wenn auch von Nuancen geprägt durch den jeweiligen Regierungschef, sich stets um drei Achsen dreht: die Zugehörigkeit zur EU, die Bildung einer Brückenfunktion zwischen Lateinamerika und der EU und eine austarierte und solide transatlantische Beziehung zu den USA. Ministerpräsident Aznar bricht damit und verfolgt primär eine nahezu unbedingte Allianz mit der Bush-Regierung. Die Beteiligung am Irak-Krieg erfolgt entgegen dem Votum einer UN-Resolution und der Haltung wichtiger EU-Verbündeter, insbesondere von Frankreich und Deutschland. Die internationale Isolation des Diktators Franco nach Beendigung des II. Weltkrieges hatte Spanien 1953 mit Abschluss des „Treaty of Madrid" mit den USA überwunden. Hierbei gehen die USA weitreichende großzügige finanzielle Darlehens- und Investitionsverpflichtungen in Form von nicht zurückzuzahlenden Zuschüssen („*grants*") und Militärhilfen ein. Im Gegenzug durften die USA selbstverwaltete militärische Luft- und Marinestützpunkte auf spanischem Boden einrichten. In den Jahren danach ebnet sich mit Unterstützung der USA der Weg Spaniens in die UN (1955) und andere internationale Einrichtungen. Die USA haben nach Powell bereits sehr früh den Beitritt Spaniens in die NATO befürwortet, sich letztlich aber nicht gegen den Widerstand auf den Diktator Franco durch andere Länder aus Skandinavien, den Niederlanden und Großbritannien durchsetzen können, obgleich der ebenfalls diktatorisch regierende Salazar immerhin Gründungsmitglied der Organisation war (Powell, 1996: 286). Lange bereits vor der Ära von Aznar hatte sich Spanien allerdings schon ein Renommee in der internationalen Gemeinschaft erworben. Die Anerkennung und Eingliederung in den

1

europäisch-westlichen Block hatte Spanien 1982 mit dem Beitritt in die Europäische Union erreicht, doch spätestens unter Felipe González gelingt auch die internationale Anerkennung mit der 1991 in Madrid unter Mitwirkung der USA und der Sowjetunion ausgetragenen Nahost-Friedenskonferenz mit Israelis und Palästinensern und dabei *„erfolgreich den diplomatischen Konflikt zwischen Israel und den arabischen Staaten zu bewältigen"* (Brückler, 2016: 160) eingeleitet wird.

Die vorliegende Hausarbeit geht der These nach, inwiefern die Beteiligung Spaniens am Irak-Konflikt (aV) mit dem Ziel, vorhandene Massenvernichtungswaffen des Diktators Hussein zu vernichten und die eigene innere Sicherheit zu gewährleisten, sich aus der Wende in seiner bisherigen Außenpolitik herleiten lässt (uV). Hypothetisch wird dabei angenommen, dass Spanien sich eine höhere Gunst von der Vormacht USA erhofft hat (*„bandwagoning"*), wenn es sich gemäß der Realismus-Theorie der IB auf die Seite der (mächtigen) USA und Großbritannien schlägt, insbesondere weil es an das internationale Einfluss- und Machtniveau anderer Staaten wie Deutschlands und Frankreichs anknüpfen will (bzw. ggf. Aznar selbst an das der Regierungschefs Schröder und Chirac), um nach schnellem Kriegsende eine herausragende Rolle im Konzert der IB und mehr Einfluss bei wichtigen internationalen Entscheidungen erlangen will (Van Dijk, 2005: 66). Da sich Spanien vermutlich aus reinen Machtüberlegungen leiten lässt soll aus Theorien des Realismus argumentiert werden. Es sei angemerkt, dass die anfangs erwähnte sehr kleine Truppenstärke bei Aznar naturgemäß nicht schon zu Beginn des Krieges festgestanden haben muss.

2   Begriffsdefinitionen

Die vorliegende HA beschäftigt sich mit der Analyse der **Außenpolitik** (in diesem Falle von Spanien), dazu soll nachstehend der Begriff AP bzw. die Analyse der AP (APA/Foreign Policy Analysis/FPA) erläutert werden. Außenpolitik bzw. APA darf zunächst nicht mit den verwandten Begriffen der Internationalen Beziehungen verwechselt werden (bzw. soll davon abgegrenzt werden), in denen das Produkt außenpolitischer Interaktionen mündet mit dem Ziel, daraus langfristige Verhaltensmuster (die zu Beziehungen werden) zwischen Staaten zu bilden und aufrecht zu erhalten (nach Czempiel), diese sind insofern ein Oberbegriff zu AP bzw. AP ist eine eigenständige Subdisziplin der IB. Auch nicht mit dem Begriff der transnationalen Beziehungen, in denen nicht nur staatliche Akteure wirken, sondern auch gesellschaftliche Akteure vorkommen. Und auch nicht mit dem Begriff der internationalen Politik, die das Resultat der Interaktion gleich mehrerer, meistens zahlreicher Staaten untersucht und ebenfalls den IB unterstellt ist. AP meint damit nach Gareis die nach außen gerichtete Interaktion eines einzelnen Staates durch seine Vertreter mit einem anderen Staat mit dem Ziel, von der Regierung festgelegte Ziele und Vereinbarungen im internationalen Kontext zu verwirklichen (Gareis, 2006: 15). Die dabei agierenden Akteure und Institutionen eines Staates können vielfältig sein. Grundsätzlich sind diese Akteure und Institutionen dem Regierungslager zuzurechnen, erst recht ist dies bei Diktaturen der Fall. Allerdings ist die AP nicht automatisch die Domäne des Außenministers in der Exekutive, wie man leicht annehmen könnte. Je nach Verfassung oder Land kann die AP hauptsächlich vom Ministerpräsidenten getragen sein. In aller Regel wirken aber auch (ganz) andere Ressorts wie Verteidigung, Gesundheit, (Außen-)Handel und Wirtschaft (transgouvernamentale Politik) mit. Das Parlament als Gesetzgeber ist in Demokratien ebenfalls bei der Gestaltung der Außenpolitik, je nach Land auch nicht bloß am Rande beteiligt. Gerade im Falle der spanischen Außenpolitik mit den USA ist es bezeichnend, wie verbissen der Diktator Franco um die Anerkennung seiner Verhandlungen durch den US-Senat gerungen hat, damit eine 2/3-Mehrheit zustande kommt, um damit den Rang eines US-völkerrechtlichen Vertrages zu erlangen. Je nach Land kann das jeweilige Parlament eine durchaus starke Rolle spielen (im Falle von Deutschland siehe den „Parlamentsvorbehalt" bei (Kampf-)Einsätzen der Bundeswehr im Ausland). Je nach Verfassungsrang kann ferner auch die Judikative in einem Land ebenfalls eine tragende Rolle in der Gestaltung von AP spielen.

Diese genannten Akteure agieren eingebettet in einem inner-politischen Prozess und gestalten die AP aus dem herangetragenen Input innerstaatlicher und außerstaatlicher Stellen (wie multinationale Unternehmen, zivilgesellschaftliche transnationale Organisationen) und Akteure in der Scharnierfunktion. Dies entspräche nach Brummer/Oppermann (2019: 1) der zweiten und dritten Kategorie von Einflussfaktoren (*images*) nach Kenneth N. Waltz. Als weitere Kategorie von Einflussfaktoren auf die jeweilige AP (*first image*) benennt Waltz in diesem Zusammenhang „Eigenschaften und Eigenheiten individueller Entscheidungsträger" (Brummer/Oppermann, 2019: 2). In diesem genannten Rahmen sind Ressourcen zu mobilisieren. Zum einen Geldmittel, ohne die kaum nachhaltig eine AP betrieben werden kann. Zum anderen muss eine gehaltvolle Legitimation in der Bevölkerung möglichst durch aktive Partizipation als durch passive Zustimmung erreicht werden. Gerade dies muss aber im Falle von Spanien bei der Teilnahme am Irak-Krieg und Ablehnungsquoten in der Bevölkerung bis zu 90% verneint werden. Für die Erklärung von AP können die drei genannten Kategorien nach Waltz als uV verwendet werden, wenn auch die beiden ersten nach Brummer/ Oppermann die wichtigsten seien (2019: 3). Die zu prüfende Hypothese beinhaltet ferner den Begriff des „*bandwagoning*" für den Anschluss eines Staates an einen anderen Staat mit höherem

3

Machtpotential, im vorliegenden Fall nicht nur militärisches Potential, und soll nachstehend kurz erläutert werden. Der Begriff selbst wird erstmals 1942 von Philip Q. Wright verwendet. Der Begründer des Neorealismus Kenneth N. Waltz führt ihn wissenschaftlich fundiert 1979 in seinem Aufsatz „Theory of International Politics" ein. Darin stellt er den Begriff mit Verweis auf Stephen Van Evera als Gegenpart zum „Balancing" vor (Waltz, 1979: 126). Bewerben sich z.b. mehrere Kandidaten um den Spitzenposten einer Partei tendieren sie dazu, solange sich kein Sieger abzeichnet, Unterstützung durch Annäherung an Parteigruppen zu suchen, die dann für andere Kandidaten nicht mehr zur Verfügung stehen, und schätzen so ihren eigenen Rückhalt ab. Diese Suche nach einem Gleichgewicht („balancing"), bei dem keiner der Kandidaten heraussticht, sei o.W. auch auf Staaten übertragbar, so Waltz. Sobald sich aber ein voraussichtlicher Sieger abzeichnet, schwenken viele, wenn nicht alle, auf ihn und gehen keine Pakte mit den verbleibenden Kandidaten mehr ein. Nun gilt „bandwagoning" und nicht mehr „balancing" als nachvollziehbares Verhalten (Waltz, 1979: 126). Im vorliegenden Fall meint es die Einreihung Spaniens in den Reigen der Kriegsbefürworter und voraussichtliche Sieger im Irak-Krieg, allen voran die nicht nur militärisch mächtigeren USA und Großbritannien.

3   Theorienauswahl und Hypothesenaufstellung

Von den zahlreichen Erklärungsangeboten der Theorien der IB erscheinen für die Beantwortung der Leitfrage aufgrund des Machtstrebens (d.h., durch Krieg und Streben nach militärischer Macht aufgrund des Primats der Sicherheit) der Staaten Spanien, USA und Großbritannien die Theorien des Realismus nach Hans J. Morgenthau und des Neorealismus nach Kenneth N. Waltz zweckdienlich und werden wie folgt begründet: Den Realismus nach Hans J. Morgenthau beschreibt dieser 1948 in seinem Lehrbuch „Politics Among Nations: The Struggle for Power and Peace". Die Grundannahme von Morgenthau basiert auf frühere Überlegungen der Denker Thukydides, Macchiavelli und vor allem Thomas Hobbes, wonach der Mensch zum Überleben stets auf sich allein gestellt und dessen Subsistenz immerzu von außen bedroht ist. Für Morgenthau sind annahmegemäß diesbezüglich Staaten dem Wesen nach Menschen gleichgestellt. Zwischen den einzelnen Staaten herrscht das Prinzip der Anarchie, d.h., es gibt keine formelle Über- oder Unterordnung der Staaten untereinander, formell gelten sie alle gleich. Das Streben nach Macht liegt dabei im nationalen Interesse und dient dem Zwecke des Überlebens, es liegt insofern bei Menschen wie bei Staaten im ureigenen Interesse. Diese objektiven Grenzen und Gesetze stellen eine unüberwindliche Naturanlage des Menschen dar und machen seine Entwicklung zum sozialen Wesen unmöglich (Morgenthau, 1978: 4ff). Macht manifestiert sich nach Morgenthau immer nur im Verhältnis zu Dritten und resultiert aus

4

materiellen Machtressourcen, wie Bevölkerungs- und territoriale Größe, geografische Lage, militärische Schlagkraft aber eben auch aus immateriellen Machtressourcen, wie die Qualität der eigenen diplomatischen Anstrengungen, wobei aufgrund des Primats der Sicherheit die militärische Schlagkraft eines Staates eine überragende Bedeutung hat.

In seiner Schrift „*Six Principles of Political Realism*" von 1978 (Morgenthau, 1978) beschreibt Morgenthau Grundsätze dieser Großtheorie der IB. Danach folgt das Verhalten im Menschen feststehenden Mustern, die in der menschlichen Veranlagung unabänderbar verankert sind. Die Bedeutung von Moral beim Machtstreben wird auf die Ebene von klugem/unklugem Verhalten transferiert. Kluges Machtstreben dient dem Machterhalt bzw. das Macht-gleichgewicht zu erhalten. Unklug ist das Handeln von Staatsmännern/Staaten, wenn es zu übermäßiger Machtanhäufung führt, die andere heerausfordert, insofern ist es auch unmoralisch. Das nationale Interesse wird in der AP durch Machterhalt, Machterweiterung oder Machtdemonstration verfolgt.

Bliebe zu vorliegender Fragestellung zu fragen, ob die Naturanlagen des Menschen bzw. von nationalen Staaten die einzige Kategorie ist, die das Entstehen von Krieg und Frieden bzw. Konflikt und Kooperation, bzw. in Anwendung auf die vorliegende Frage nach dem Eintritt in den Irak-Krieg von Spanien, erklären. Zudem ist strittig, ob der von Morgenthau beschriebene Sprung zwischen den Ebenen Mensch und Staat zulässig ist. In seiner Dissertation (Waltz, 2001: 2) aus 1959 „*Man, the State, and War*" zählt Kenneth N. Waltz noch zwei weitere Kategorien bzw. Analyseebenen auf, nämlich die Beschaffenheit und das Verhalten von Staaten und des internationalen Systems, die er an eine „Logik der Bilder" in der internationalen Politik anknüpft und er folgerichtig auch „*images*" (*1st, 2nd, 3rd image*) nennt. Waltz gilt auch als Begründer des Neorealismus als eine Weiterentwicklung des Realismus nach Morgenthau, der sich hauptsächlich auf die widrigen Naturanlagen des Menschen bezieht. Waltz möchte zur Erklärung des Verhaltens wichtiger Akteure, im Neorealismus die nationalen Staaten, wissenschaftlich und systemisch vorgehen und sich nicht auf eine wie auch immer geartete, kaum zu dechiffrierende menschliche Veranlagung berufen. Auch hier gilt Anarchie unter den Staaten, dies erklärt schon die misstrauische Einstellung der Staaten untereinander hinsichtlich ihrer Persistenz. Zudem stellt Waltz eine Analogie aus dem Wirtschaftsleben auf, wonach die Staaten als Akteure, bei Gefahr des (eigenen) Untergangs auf Machterhalt und Machtzuwachs angewiesen sind, genauso wie Unternehmen auf Gewinnerzielung angewiesen sind, wenn sie im Markt bestehen und nicht untergehen wollen. Der Markt stellt in seiner Analogie das internationale System, das Zusammenwirken der Staaten untereinander, dar. Das individuelle

5

Wirken der einzelnen Entscheidungsträger sowie der einzelnen Staaten, ihre Außenpolitik, wird dabei irrelevant für das Ganze, da sie als undurchdringende „black box" aufgefasst wird. Wichtig ist nur das Zusammenwirken der Akteure im internationalen System als solches. Alles Andere tut nichts zur Sache und ist somit reduktionistisch. Die Staaten sind im von Anarchie bestimmten internationalen Umfeld zur Wahrung eigener Interessen auf sich gestellt. Sowohl nach Morgenthau wie nach Waltz haben Staaten, wenn sie auch formell gleichrangig gestellt sind, bessere Möglichkeiten der Interessensdurchsetzung, je besser sie mit Machtressourcen ausgestattet sind. Da das individuelle Verhalten des MP Aznar bedeutsam sein wird und Spanien mit ihm eine ganz bestimmte AP verfolgt und er die AP seiner Vorgänger eine Dekade zuvor über Bord wirft ist das Erklärungsangebot des Realismus nach Morgenthau geeignet („1st' und „2nd image '); da Spanien ferner längst im inter-nationalen System eingebettet ist und seine Entscheidungen sich auf dieses auswirken („3rd image ') ist auch die Großtheorie des Neorealismus nach Waltz geeignet, die Fragestellung zu untersuchen.

Die Attentate des 11. September 2001 auf das World Trade Center in New York stellen einen Wandel in der US-Außenpolitik dar, die fortan von der Bekämpfung des internationalen islamischen Terrorismus bestimmt wird. Unter dem Schlagwort bzw. Schlachtruf „Enduring Freedom" werden in der Zeit bis Dezember 2014 in verschiedenen Staaten in Afrika und Asien militärische Maßnahmen durchgeführt, an denen federführend die USA beteiligt sind. In wechselnden Allianzen mit den USA sind auch Streitkräfte von bis zu 70 unterschiedlichen Staaten daran beteiligt. Am 16.3.2003 findet ein Gipfel auf den Azoren statt zwischen Bush, Blair, Aznar (und Barroso als Gastgeber) mit dem Ziel, den diplomatischen Bemühungen der UN um eine (durch Inspektion) friedliche Entsorgung von Massenvernichtungswaffen des Irak ein Ende zu bereiten. Es wird ein 48-stündiges Ultimatum an den Machthaber Hussein gestellt, das Land zu verlassen. In den frühen Morgenstunden des 20.3.2003 bombardieren die USA ausgesuchte Ziele um Bagdad mit Unterstützung Großbritanniens und anderer Staaten („Koalition der Willigen"), darunter Spanien. US-Präsident Bush erklärt am 1.5.2003 diesen Krieg für siegreich beendet. Der Irak bleibt noch bis 2011 durch amerikanische Truppen besetzt.

Die vorliegende Hausarbeit soll die Hypothese testen, inwiefern Spanien ‚machtmotiviert' (strebend nach Macht und Einfluss) am Irak-Krieg sich deshalb beteiligt, um eine privilegierte Gesinnung der USA zu erlangen (und bei der Lösung internationaler Konflikte als neuer „Global Player" seine Interessen besser durchzusetzen, so. z.B. die Bekämpfung der ETA im eigenen Land).

Für die Erklärung der Leitfrage wird aus Zeit- und Ressourcengründen eine qualitative Einzelfallstudie durchgeführt. Dazu wird der Forschungsstand der angegebenen Großtheorien dargestellt und anhand von wissenschaftlichen Texten und Fachaufsätzen, Angaben aus Memoiren wichtiger Zeitgenossen und kontrastierten Medienberichten die Prüfaspekte der Hypothese empirisch belegt oder widerlegt. Für die Prüfung der Hypothese wird ferner aus genannten Gründen auf bereits veröffentlichtes Datenmaterial aus den genannten Quellen zurückgegriffen. Um *bandwagoning* in der spanischen AP unter Aznar belegen zu können, müsste sich empirisch zeigen lassen, dass die spanische AP unter Aznar tatsächlich eine Wende vollzieht. Ferner müsste sich in den Bemühungen um den Irak das Interesse der USA aufzeigen lassen, ihre ‚Koalition der Willigen' um ein weiteres Mitgliedsland zu ergänzen. Außerdem bliebe zu überprüfen, ob die Teilnahme an diesem Krieg bzw. der Irak-Krieg selbst aus völkerrechtlicher Sicht zulässig war.

5   Fallstudie und empirische Analyse

5.1.   Die spanische AP vor und unter Aznar

In der franquistischen Ära ist die spanische AP zunächst von internatio-naler Isolation gekennzeichnet und „diente in erster Linie der Bewahrung und Aufrechterhaltung des diktatorischen Regimes" (Brückler, 2016: 152). Aus der Isolation findet Spanien ab 1953 nach Schließung bilateraler Abkommen („Treaty of Madrid") mit den USA. Neben dem öffentlichen Text des Abkommens von Madrid werden durch Franco eine ganze Reihe anderer geheimer Klauseln akzeptiert, die sehr wohl die Souveränität des Landes kompromittierten, indem die Hoheit der Luft- und Marinebasen im Falle einer „kommunistischen Bedrohung der Sicherheit in der westlichen Welt", „automatisch" auf die USA übergingen (Calduch, 1993: 25). Die Entscheidung darüber, was eine „kommunistische Bedrohung der Sicherheit" darstellt obliegt einzig den USA, die im Gegenzug lediglich zu einer schnellstmöglichen Kommunikationspflicht gegenüber Madrid verpflichtet waren (Calduch, 1993: 26). Mit Unterstützung der USA gelingt Spanien die Aufnahme in die UN, allerdings bleibt der Zugang zu wichtigen hauptsächlich europäischen Institutionen wie Europarat, EG, NATO, Euratom verwehrt. Die Tatsache, dass Spanien damals in Europa mit Großbritannien und Frankreich Konflikte wegen Gibraltar und Marokko austrug führte frühzeitig zu einer weitereichenden Annäherung an die USA, „die bis heute anhält" (Calduch, 1993: 24) und von der Spanien durch Einbezug in den Marshall-Plan auch wirtschaftlich jahrelang profitiert. Ferner betreibt die US-

Administration sie zwar nicht aber unterstützt die Film- und Tourismusindustrie in ihrem Expansionsdrang nach Spanien, was letztlich auch dem Image des Diktators zugute kam (Rosendorf, 2006: 367). Die Geheimhaltung von souveränitäts-kompromittierenden Vertragsklauseln könnte später und zwar noch jahrzehntelang eine gewisse breite Animosität der spanischen Bevölkerung (besonders des linken Spektrums) gegenüber den USA erklären (Powell, 2000: 419). Die AP des letzten franquistischen Außenministers Cortina Mauri ist von erneuter Ausschließung durch die westliche Welt geprägt, die die repressive Haltung des Regimes gegenüber aufkeimender friedlicher aber nachhaltiger Opposition nicht gutheißt (Calduch, 1993: 52). Der Tod des Diktators 1975 läutet mit der „*Transición*" von Diktatur zur Demokratie eine Systemwende ein, auch in der spanischen AP, wenn auch nach Powell kein absoluter Neubeginn erwartet werden konnte, wenn die verwendete Struktur aus der Zeit von Außenminister Castiella (1957-1969) stammt, in der die Erstkonfiguration durch Vergabe von Posten und Funktionen erfolgt, „die bis heute noch anhält" (Powell, 2000: 420).

Die ersten neuen Wahlen wurden Juni 1977 abgehalten. Noch im Sommer beantragt die spanische AP die Aufnahme in die EU (damals noch EG), womit sie einen ersten Sinneswandel weg von bilateralen Verträgen hin zum Institutionalismus bzw. Multilateralismus vollzieht. Nach dem gescheiterten Putschversuch durch rechtsgerichtete Militärs im Februar 1981 stellen sich die europäischen Institutionen sowie andere Staaten auf Seiten der spanischen jungen Demokratie. Nicht ganz jedoch die USA, deren Außenminister Haig den Putschversuch als reine interne Angelegenheit Spaniens tituliert. Die Frage des NATO-Beitritts entzweit erstmals die spanische Parteienlandschaft. Spanien setzt 1982 den NATO-Beitritt gegen den Widerstand der PSOE, die in den USA schon immer eher einen Verbündeten als einen Gegner Francos sah, und weite Teile der Bevölkerung durch (Armero, 1989: 147). Spanien verspricht sich davon einen besseren Stand gegenüber Großbritannien bei der Beilegung des Konflikts um Gibraltar. Nicht zuletzt ist auch der ein Jahr zuvor von rechtsgerichteten Militärs durchgeführte Putschversuch ausschlaggebend und vorteilhaft, wenn die eigenen Streitkräfte in einem internationalen Verbund eingebettet sind (Powell, 2000: 438). Der Wahlsieg der Sozialisten 1982 (mit absoluter Mehrheit) 1982 setzt einen weiteren Wendepunkt in den internationalen spanischen Außenbeziehungen. Nach den Wahlen setzt sie 1986 die im Wahlkampf schon angekündigte, jedoch nicht-bindende und nach Gooch (1986) „surrealistische" Bürgerbefragung zum NATO-Verbleib durch, bei der sich entgegen den Umfragewerten 52,5% der Spanier für den Verbleib in der NATO entscheiden (Martinez Sánchez, 2011: 306). Die Gunst der Stunde nutzt González um Neuwahlen auszuschreiben, die er erneut mit absoluter

Mehrheit gewinnt (Powell, 2000: 445). In dieser Zeit betreibt die spanische AP hauptsächlich den EG-Beitritt, dieser Fokus ist unverkennbar. Der Beitritt gelingt 1986 mit besonderer Unterstützung Helmut Kohls, den González zuvor bei der Verlegung von Mittelstreckenraketen nach Deutschland unterstützt, obwohl im Parteiprogramm der PSOE ausdrücklich „die Verbannung sämtlicher Mittelstreckenwaffen aus europäischem Boden" verankert war (Powell, 2000: 442). Zusammen mit dem positiven Ausgang des NATO-Referendums hat die junge zehnjährige Demokratie ihren „Platz in der Welt gefunden" (Helmerich, 2004: 4). In der weiteren Regierungszeit Gonzalez' hat Spanien zweimal die EG-Ratspräsidentschaft inne und nutzt die beiden Gelegenheiten, den integrations-freundlichen und föderalistisch geprägten Europakurs in seiner AP zu verstetigen (2004: 4). In dieser Zeit fällt auch die kriegerische Auseinandersetzung um den Irak-Kuwait Konflikt (2. Golfkrieg). Mit der UNSR-Resolution Nr. 687/1991 (UNSR, 1991) versehen beteiligt sich Spanien neben 32 anderen Staaten an der Befreiung Kuwaits von irakischen Truppen mit neun Kriegsschiffen (Sánchez-Moraleda López, 2012: 678) Dabei wird der spanische Ministerpräsident González zur Beschwichtigung der Öffentlichkeit nicht müde zu betonen, der Beitrag Spaniens sei lediglich logistischer Natur, obwohl 80% der US-Kampfflieger (29.059 Flüge) zum Auftanken spanischen Boden berühren. Der Kraftstoffverbrauch der in Rota und Zaragoza stationierten B-52 stieg von 50.000 m3 in Friedenszeiten auf 350.000 m3 am Höhepunkt der Auseinandersetzung (2012: 680).

Mit dem Wahlsieg 1996 des konservativen Aznar vollzieht die spanische AP erneut insofern eine Wende, als nunmehr die transatlantischen Beziehungen wieder höhere Priorität haben als der europafreundliche Kurs González'. Das Modell der neuen spanischen AP, beflügelt durch die absolute Mehrheit im Parlament, basiert auf dem Prinzip der „Vollendung von Tatsachen" und bricht mit der Tradition des Konsensus mit der parlamentarischen Opposition, die seit Beginn der *Transición* gegolten hatte (del Arenal, 2004). Diesen Wechsel kann man u.a. an folgenden Geschehnissen festmachen:

- Zum Ersten indem sich Aznar ausdrücklich hinter die (repressive) Kuba-Politik der USA stellt und deren Kurs innerhalb der EU verteidigt. Auf dem Ibero-Amerikanischen Gipfel 1996 in Chile präsentiert er einen Plan, die Beziehungen zu Kuba zu verschärfen. Daraufhin verneint zunächst die kubanische Regierung dem neuen von Aznar vorgegebenen spanischen Botschafter das Plazet (Gall, 34ff),

- Während sich seine europäischen Partner sorgen wegen einer weiteren Entrechtlichung der internationalen Politik nach der einseitigen Aufkündigung des ABM-

9

Rüstungskontrollvertrags durch die USA sorgen (Nitschke, 2002), begrüßt Aznar die Entscheidung der USA ausdrücklich auf dem Besuch Bush' in Spanien 2001 (El Pais, 2001),

- Schließlich durch die Unterstützung der US Diskurses bezüglich Ursache der Attentate am 11.9.2001 und einzig mögliche Antwort darauf, nämlich ein vollumfänglicher Krieg ohne zeitliche Begrenzung gegen den weltweiten Terrorismus („War On Terror"), den aber die meisten anderen europäischen Staaten nicht teilen (Powell, 2016: 641).

Die AP Aznars verabschiedet sich analog zur Bush-Administration vom Multilateralismus der letzten Jahre und priorisiert unilateral die Bekämpfung des internationalen Terrorismus, die nationale Sicherheit und bekämpft die Haltung von Massenvernichtungswaffen (del Arenal, 2004). Die Tatsache, dass George Bush bei seinem Europa-Besuch 2000 als erstes Madrid besucht (und eben nicht wie traditionell erwartet London) verbucht Aznar als Ankündigung großer Veränderungen im internationalen Kontext zugunsten von Spanien (Aznar, 2013). Die Anschläge des 11.09.2001 nimmt Aznar zum Anlass, abseits der EU 2002 mit den USA ein bestehendes bilaterales Abkommen zu Sicherheits- und Verteidigungsfragen aus 1988 zu ergänzen und zu verschärfen (Span. Außenministerium, 2002). Im Gegenzug nehmen die USA spanische ETA-Terroristen in ihre Suchlisten auf. Die Anschläge des 11.09. sehen andere als sehr willkommene Gelegenheit für Aznar, sich selbst stärker zu involvieren (del Arenal, 2011: 312). Ab 2002 ist sein „Atlantismus", die Priorisierung der Beziehungen mit den USA und der NATO über die zur EU, sein Markenzeichen (del Arenal, 2011: 314). Bezüglich seiner Motivation auf dem Azoren-Gipfels bringt es Aznar in seinen Memoiren I selbst auf den Punkt: „Auf den Azoren wird ein Ziel verewigt, welches den Kurs meiner gesamten politischen Karriere bestimmt hat: Spanien nimmt endlich den ihm gebührenden Platz ein, an der Seite der wichtigsten Demokratien und versöhnt mit seiner atlantischen natürlichen Zugehörigkeit" *[„En las Azores se plasmó un objetivo que ha sido todo el rumbo de mi carrera política: España está por fin donde tiene que estar, con las democracias más importantes, y se reconcilia con su naturaleza atlántica"]* (Aznar, 2005: 270). Dass er bei der Frage des Kriegsbeitritts bis zu 90% der Bevölkerung gegen sich wusste, mithin also weite Teile seines eigenen Lagers, mutet zunächst rätselhaft an. Im Lichte dessen, dass er erklärtermaßen 2004 nicht erneut kandidieren wird und damit ein anderer die Scherben aufräumen muss kann man noch verstehen, wenn er im Sinne eines *vabanque* Spielers auf einen möglichst hohen Gewinn (eben jene 90% bzw. realistischer weise zumindest aufgrund der Blockbildung PP vs. PSOE die Hälfte davon) bei einem sehr kleinen Einsatz (eben äußerst 10%) „gesetzt" hat. Im Inhaltsverzeichnis des Werkes von 2005 (2005: VI) betitelt sehr zutreffend del Arenal drei aufeinanderfolgende Unterkapitel zur spanischen Außenpolitik mit den Überschriften (nebst Jahresangaben): 1. „Europa als Priorität und der Multilateralismus als Prinzip (1988-2002)", 2. „Die USA als Priorität und der Unilateralismus als Prinzip (2002-2004)" und 3. „Zurück zu: Europa als Priorität und der Multilateralismus als Prinzip (2004-2011)" für den nach Aznar's Abwahl wieder erneuten Kurswechsel seines Nachfolgers Zapatero ab 2004. Es kann m.E. aus dem oben genannten in diesem Unterabschnitt 5.1. angenommen werden, dass die spanische AP unter Aznar „macht-zentriert" eine unbedingte Neuausrichtung hin zu den USA vollzogen hat und ein „*bandwagoning*" zum Krieg gegen den Irak 2003 gut in ihr bzw. Aznar's Konzept passte.

5.2. Die (Nicht-)Legitimation zum Erstschlag im Irak-Krieg 2003

Auf dem Azoren-Gipfel am 16.3.2003 stellen Bush, Blair und Aznar dem irakischen Diktator Hussein ein 24-stündiges Ultimatum, das Land innert 48h zu verlassen, andernfalls werde es Konsequenzen haben; nach Nohlen/Hildenbrand „quasi dem Irak den Krieg erklärten" (2004: 336). In einer TV-Ansprache an die Nation am 18.3.2002 bekräftigt Bush das Ultimatum und droht „militärisch einzuschreiten" (LbP Archiv, o.D.). Das Ultimatum wird mit einem Erstschlag durch Bombardierungen in der Umgebung von Bagdad am frühen Morgen des 21.3.2003 keine 1 1/2–Stunden nach seinem Ablauf eingelöst. Zuvor war ein Entwurf der drei Staaten um ein UN-Mandat für eine Invasion des Irak mit Verweis auf Kap. VII der UN-Charta, das den Einsatz von Waffengewalt unter bestimmten Bedingungen erlaubt, vor dem UNSR gescheitert. Weitere Anstrengungen der UN zu einem friedlichen Ausgang des Konflikts um die Zerstörung von Waffen mit einer Reichweite von mehr als 150 km - zuletzt am 1.3.2003 – waren ebenfalls ohne Erfolg geblieben. Nach Art. 27.3. der UN-Charta werden im übrigen 9 Ja-Stimmen im UNSR von insgesamt 15 Mitgliedern gebraucht damit ein Antrag positiv beschieden wird, wobei die fünf Ständigen Mitglieder ein Veto-Recht haben.

Noch früher, in seiner Rede vor den UN am 12.9.2002. deutete George Buch bereits an, dass dem Irak mit friedlichen Mittel, z.B. mit Inspektionen durch die U.N., nicht beizukommen sei (Bush, 2002). In seiner Rede an die Nation am 8.10.2002, einen Monat später, verschärft er seinen Appell an die Weltgemeinschaft, seinen Kurs zu verfolgen. US-Kongress und Senat statten Bush mit deutlicher Mehrheit mit Vollmachten zum Alleingang gegen den Irak aus.

Währenddessen bestätigt das irakische Volk in einer Volksabstimmung den Diktator Hussein für weitere sieben Jahre. Am 8.11.2002 beschließt der UNSR einstimmig die Resolution Nr. 1441, wonach der Irak innert 7 Tage einlenken soll, weitreichende Inspektionen zuzulassen, andernfalls werde es ernsthafte Konsequenzen *(„will face serious consequences„)* erleiden. Bis zum 14.2.2002 müssen die UN-Inspekteure dem UNSR einen Bericht über die Erfüllung der UN-Resolution durch den Irak vorlegen. Die Inspekteure werfen in ihrem Bericht dem Irak „schwerwiegende Versäumnisse bei der Aufdeckung ihrer illegalen Rüstungsprogramme" (LbP, o.D.) vor, können aber weder die Existenz noch das Nichtvorhandensein von Massenvernichtungswaffen bestätigen (ElBaradei, 2003). War damit völkerrechtlich der Erstschlag bzw. die Bombardierung des Irak durch die USA, Großbritannien und Spanien in ihrem *„ War On Terror "* gerechtfertigt? Im Prinzip, nein. Denn dieser war „weder durch einen vorausgehenden Angriff auf die Vereinigten Staaten durch den Irak (Art. 51 UN-Charta) noch durch einen Beschluss des Sicherheitsrats (Art. 42) auf Grundlage einer festgestellten Bedrohung des internationalen Friedens und der internationalen Sicherheit legitimiert" (Stadelmaier, 2011: 376). Bliebe zu klären, ob andere Formen der Gewaltanwendung, evtl. gedeckt durch Völkergewohnheitsrecht, erlaubt sein könnten. Darunter könnte man die Art des *„preemptive war"* verstehen, wonach bei Existenz einer echten Gefahrenlage ein präventives (vorauseilendes) Selbstverteidigungsrecht bestehen könnte, das den Angriffskrieg erlaubt. In einer Entscheidung (wenn auch in einem anderen Zusammenhang) des BVerwG (BVerwG 2 WD 12.04 - Urteil vom 21.06.2005) wird dies verneint, da die USA und Großbritannien das Vorliegen einer solchen Gefahrenlage nicht hätten begründen können. Zum gleichen Ergebnis kommt auch Stadelmaier (2011, 376). Ferner würde dabei der wichtige Unterschied zwischen einem defensiven und einem offensiven Militärschlag verwaschen (Garcia Regueiro, 2005: 77). Wie das o.g. BVerwG-Urteil weiter ausführt, ist darüber hinaus nach Art. 2 Ziff. 4 UN-Charta bereits die Androhung von militärischer Gewalt völkerrechtswidrig. Daraus folgt, dass der Irak-Krieg 2003 als eklatanter Verstoß gegen die UN-Charta gelten muss.

5.3.   Die ‚Koalition der Willigen'

Nach dem der UNSR nicht in ein Mandat zur Entwaffnung des Irak um Massenvernichtungswaffen mit Militärgewalt einwilligen will und auch der Tatbestand der legitimen Selbstverteidigung von den USA nicht substantiiert werden kann versuchen sie nach Garcia Regueiro (2004: 77) eine Verbindung der Attentate des 11.9.2001 mit dem Irak bzw. dem internationalem Terror zu konstruieren. Diesen „War on Terror" planen sie mit Hilfe einiger sich selbst andienenden Staaten abseits der etablierten völkerrechtlich unbedenklichen

Kanäle auszutragen, darunter auch eher weniger militärisch ausgestattete Länder wie der Sudan, Jemen und die Palästinensische Autonomiebehörde (Jung, 2011: 416). Umso dringender mutet es für Bush an, militärische „Schwergewichte" in die Liste der Unterstützer aufzunehmen, zumal wichtige NATO-Partner wie Kanada, Frankreich und Deutschland (aber auch Russland) früh angekündigt hatten, dass sie einen solchen Krieg nicht unterstützen würden. Die Einbindung weiterer – in militärischer Hinsicht - „Fliegengewichte" wie Angola und Mikronesien konnte nach Jung (2005: 422) nur zum Ziel haben, die quantitative Legitimationsbasis größer erscheinen zu lassen. Die Liste der vom US-Außenminister Powell bekanntgegebenen Namen der Koalitionäre beträgt lt. BBC News (Schifferes: 2003) schließlich 30 (von damals 190 Staaten zählenden UN-Mitgliedern) nebst weiterer 15 Staaten, die Unterstützung in Form von Überflugrechten, etc., einräumen wollen. Welche konkrete Unterstützung Länder wie Bulgarien und die baltischen Staaten tatsächlich offerieren können ist fraglich. Letztlich kann die Liste der Koalitionäre weder quantitativ noch qualitativ eine wie auch immer geartete Legitimität der Weltgemeinschaft für den Irak-Krieg überzeugend begründen. Daraus kann abgeleitet werden, dass Bush am Beitrag Spaniens als Mitglied der EU aus militärischer und vor allem geostrategischer Sicht, wie oben dargelegt in 1991, zum Landen und Auftanken bzw. Versorgen der US-Militärflugzeuge sehr interessiert sein musste.

6   Ergebnis, Fazit und Ausblick

In der Hausarbeit konnte m.E. als Ergebnis die Leitfrage begründet beantwortet und dargelegt werden, dass sich Spanien macht-zentriert 2003 am Irak-Krieg beteiligt, um sich des Wohlwollen der Vormacht USA zu sichern, womit die aufgestellte Hypothese zu bejahen wäre. Dazu wird Spanien durch Aznar ab 1996 die seit Franco-Zeiten praktizierte Strategie in seiner AP der Annäherung an die USA wieder aufnehmen, nachdem sie 1975 zur *Transición* von Diktatur zur Demokratie zugunsten einer europäisch geprägten und um den EG-Beitritt zentrierten AP gewichen war. Dabei wird Spanien einen hohen Preis insofern bezahlen, als es wichtige europäische Partner, insbesondere Deutschland und Frankreich, aber auch arabische, mittel- und südamerikanische Staaten verstört. Die Teilnahme am völkerrechtlich nicht legitimierten Irak-Krieg führte auch zu einer weiteren Entfremdung der USA in der spanischen Bevölkerung, die bis heute anhält. Der Vorstoß Aznar's am Parlament vorbei führte unter Zapatero 2005 zu einer neuen gesetzlichen Regelung, wonach die spanischen Streitkräfte an keiner Militäroperation teilnehmen dürfen, die nicht eine Organisation genehmigt hat, an der Spanien Mitglied ist, sofern es nicht zur eigenen Verteidigung geschieht. „Alle militärischen Auslandseinsätze unterliegen seitdem einer parlamentarischen Zustimmungspflicht" (Brückler, 2016: 194). Die heutige Praxis in Spanien entspricht damit dem Idealtyp einer defensiven Außenpolitik (Brückler, 2016: 195).

Anhang: Literaturverzeichnis

(wo immer möglich wird primär englische od. deutsche Literatur berücksichtigt und Memoiren und journalistische Quellen in der Heimatsprache spanisch):

Armero, José Mario, 1989: Política exterior de España en democracia. Madrid. Espasa Calpe.

Aznar, Jose María. 2005. Retratos y perfiles. De Fraga a Bush, Barcelona, Planeta.

Aznar, Jose Maria. 2013. Aznar, J. (2013). El Compromiso de Poder. Memoria II. Barcelona. Planeta.

Brummer, Klaus und Kai Oppermann. 2019. Außenpolitikanalyse. Berlin/Boston. De Gruyter Oldenbourg

Brückler, R. 2016. Kriegsentscheidungen in sozialen Konstellationen: Eine Analyse der Irakkriegsentscheidungen Großbritanniens und Spaniens nach Max Weber. Wiesbaden: Springer VS.

Bush, George. 9.12.2002. Remarks to the U.N. http://www.presidentialrhetoric.com/speeches/09.12.02.html Letzter Zugriff: 14.10.2021.

BVerwG. 21.6.2005. https://www.bverwg.de/entscheidungen/pdf/210605U2WD12.04.0.pdf Letzter Zugriff am 14.10.2021.

Calduch, Rafael. 1993. Dinámica de la Sociedad Internacional. CEURA. Madrid. 25. https://www.ucm.es/data/cont/media/www/pag-55160/lib2cap2.pdf. Letzter Zugriff: 2.10.2021

del Arenal, Celestino. 2004. La retirada de las tropas de Irak y la necesidad de una nueva política exterior. Boletín Elcano. ARI Heft Nr. 82/2004. http://biblioteca.ribei.org/id/eprint/500/1/ARI-82-2004-E.pdf . Letzter Zugriff: 10.10.2021

del Arenal, Celestino. 2011. POLÍTICA EXTERIOR DE ESPAÑA Y RELACIONES CON AMÉRICA LATINA. IBEROAMERICANIDAD, EUROPEIZACIÓN Y ATLANTISMO EN LA POLÍTICA EXTERIOR ESPAÑOLA. Madrid. Fundación Carolina. https://www.fundacioncarolina.es/wp-content/uploads/2014/05/Pol%C3%ADtica-exterior-y-relaciones-con-AL.pdf . Letzter Zugriff 10.10.2021.

El Baradei, Mohammed. 14.2.2003. IAEA. The Status of Nuclear Inspections in Iraq: 14 February 2003 Update. https://www.iaea.org/newscenter/statements/status-nuclear-inspections-iraq-14-february-2003-update. Letzter Zugriff: 14.10.2021.

El Pais. 13.12.2001. „Bush hace oficial la retirada de EE UU del Tratado antimisiles". „https://elpais.com/internacional/2001/12/13/actualidad/1008198006_850215.html. Letzter Zugriff: 10.12.2021

Gall, Birte. 2003. Die Kuba-Politik Spanien während der ersten Amtsperiode Aznars. Konzepte und Instrumente. In: Arbeitspapiere der Lateinamerikaforschune, Hrsg. Christian Wentzlaff-Eggebert und Martin Traine. Köln. Arbeitskreis Spanien – Portugal – Lateinamerika Universität zu Köln. https://lateinamerika.phil-fak.uni-koeln.de/fileadmin/sites/aspla/bilder/arbeitspapiere/gall.pdf . Letzter Zugriff: 12.10.2021.

Garcia Regueiro, Jose Antonio. 2004. EL PAPEL DE ESPAÑA EN LA GUERRA DE IRAQ. https://www.fundacionalternativas.org/public/storage/publicaciones_archivos/xmlimport-q7C2IL.pdf . Letzter Zugriff: 14.10.2012.

Gooch, Anthony. 1986. A Surrealistic Referendum: Spain and NATO. In: Government and Opposition. Band 21, Heft Nr. 3. (300-316) https://www.jstor.org/stable/44483596 . Letzter Zugriff: 10.12.2012

Helmerich, Antje. 2004. Die Außenpolitik Spaniens, vom Konsens zum Bruch - und wieder zurück. Bonn. Friedrich-Ebert-Stiftung

Jung, Karsten. 2011. Koalitionen, Konzerte und die Flexibilisierung internationaler Sicherheitskooperation nach 9/11. In: Die Welt nach 9/11. Auswirkungen des Terrorismus auf Staatenwelt und Gesellschaft. Hrsg. Thomas Jäger, 408-431, Sonderheft 2/2011. Zeitschrift für Außen- und Sicherheitspolitik. Wiesbaden. VS Verlag für Sozialwissenschaften. Doi: 10.1007/978-3-531-94173-8_20

LbP Landeszentrale für politische Bildung Baden-Württemberg. Archiv. o.D. https://www.lpb-bw.de/irak-konflikt . Letzter Zugriff: 14.10.2021.

Martínez Sánchez, Jose Antonio. 2011. *El referéndum sobre la permanencia de España en la OTAN.* UNISCI Discussion Papers, Heft 26, 283-310. DOI:10.5209/rev_UNIS.2011.v26.37825

Morgenthau, Hans J. 1948. Politics Among Nations: The Struggle for Power and Peace". A.A. Knopf. New York.

Morgenthau, Hans J. 1978. Politics Among Nations: The Struggle for Power and Peace, Fifth Edition, Revised, Alfred A. Knopf. New York (4-15).

Nitschke, Markus. 01/2002. Nach dem ABM-Vertrag. BITS - Berliner Informationszentrum für transatlantische Sicherheit. https://www.bits.de/public/articles/ami/ami0102.htm . Letzter Zugriff: 10.10.2021.

Nohlen, Dieter, und Andreas Hildenbrand. 2004: Steigt Spanien in die erste Liga auf? In: *Neues Europa — alte EU?: Fragen an den europäischen Integrationsprozess.* Hrsg. Joh. Varwick u. Wilhelm Knelagen, 335-354. Wiesbaden. Springer Fachmedien Wiesbaden GmbH. Doi: 10.1007/978-3-663-10894-8

Ortega, A. 20.3.2003. *Naufragio en las Azores.* estudios internacionales y estratégicos. Heft Nr. 50-2003.

http://www.realinstitutoelcano.org/wps/portal/rielcano_es/contenido?WCM_GLOBAL _CONTEXT=/elcano/elcano_es/zonas_es/ari+50-2003. Zugegriffen: 16.08.2021

Powell, C. 2000: "Cambio de régimen y política exterior, 1975-1989". In: Tusell, Javier/Avilés, Juan/Pardo, Rosa (Hrsg.): La política exterior de España en el siglo XX. Madrid: 413-454.
https://www.academia.edu/38806820/Cambio_de_regimen_y_politica_exterior_Espa %C3%B1a_1975_1989 . Letzter Zugriff: 03.10.2021

Powell, C. 2010. The international dimensions of democratization. Europe and the Americas, Hrsg. Laurence Whitehead, 285-314. Oxford. Oxford University Press

Powell, C. 2016. El amigo americano. España y Estados Unidos: de la dictadura a la democracia. Barcelona. Galaxia Gutenberg..

Rosendorf, Neal Moses. 2006. Be El Caudillo's Guest: The Franco Regime's Quest for Rehabilitation and Dollars after World War II via the Promotion of U.S. Tourism to Spain, Band 30, Heft 3. Oxford University Press. 367-407.
https://www.jstor.org/stable/pdf/24915019.pdf?refreqid=excelsior:0a05ee1b99498f68 3e478ab4a2141150 . Letzter Zugriff: 07.10.2021

Sánchez-Moraleda López, Manuel. 2012. TEMAS PROFESIONALES. APOYO ESPAÑOL EN LA GUERRA DEL GOLFO (1990-91). 673-687.
https://armada.defensa.gob.es/archivo/rgm/2012/05/cap05.pdf . Letzter Zugriff am: 10.12.2021.

Schifferes, Steve. 18.3.2003. BBC News. http://news.bbc.co.uk/2/hi/americas/2862343.stm . Letzter Zugriff: 13.12.2021

Spanisches Außenministerium. 2002. PROTOCOLO DE ENMIENDA DEL CONVENIO DE COOPERACIÓN PARA LA DEFENSA ENTRE EL REINO DE ESPAÑA Y LOS ESTADOS UNIDOS DE AMÉRICA, DE 1 DE DICIEMBRE DE 1988 .
https://www.boe.es/boe/dias/2003/02/21/pdfs/A07215-07227.pdf . Letzter Zugriff am 10.10.2021.

Stadelmaier, Frank. 2011. Das Ende der amerikanischen Vorherrschaft. In: *Die Welt nach 9/11. Auswirkungen des Terrorismus auf Staatenwelt und Gesellschaft.* Hrsg. Thomas Jäger, 369-384, Sonderheft 2/2011. Zeitschrift für Außen- und Sicherheitspolitik. Wiesbaden. VS Verlag für Sozialwissenschaften. Doi: 10.1007/978-3-531-94173-8_18

UNSR. 3.4.1991. Resolution 687 (1991). https://www.un.org/depts/german/sr/sr_91/sr687-91.pdf. Zugriff am 10.10.2021.

UNSR. 8.1.2002. Resolution 1441 (2002).
https://www.un.org/Depts/unmovic/documents/1441.pdf . Letzter Zugriff: 14.10.2021.

van Dijk, T. A. 2005. War rhetoric of a little ally: Political implicatures and Aznar's legitimatization of the war in Iraq. Journal of Language & Politics, 4(1), 65-91.

Waltz, Kenneth N./Walt, Stephen M. (1959). Man, the State, and War: A Theoretical Analysis. New York: Columbia University Press

Waltz, Kenneth N./Walt, Stephen M. 1979. DOI https://doi.org/10.1007/978-3-531-90400-9_127

Waltz, Kenneth N./Walt, Stephen M. (2001). In Man, the State, and War: A Theoretical Analysis (Vorwort. 2ff) Columbia University Press.

Waltz, Kenneth N./Walt, Stephen M. (2018). Man, the State, and War: A Theoretical Analysis. (Taschenbuchausgabe). New York: Columbia University Press